10명 중 9명은 절대 못 푸는

시간 순삭 미로 찾기

해솔 지음

또비

겉으로 보기에는 그저 연약한 강아지 같지만, 용맹한 진돗개와 충직한 삽살개의 머나먼 후손인 시고르자브종!
흰 개는 귀신을 볼 줄 안다던데, 또비는 입 주변에만 흰 털이 있는데도 왜인지 자꾸만 무서운 것들을 찾아낸다.

하리와 벼리

어느 날 길에서 떨고 있던 귀여운 강아지 또비를 가족으로 맞이한 사이좋은 남매.
매일같이 혼자 험난한 산책을 떠나는 또비를 찾아 미로 같은 세상을 탐험한다. 얼른 또비를 찾아 따뜻하고 안전한 집으로 돌아가고 싶다.

하리와 벼리는 장난을 좋아하는 강아지 또비를 산책시키러 나왔어요.
그런데 잠시 한눈판 사이 또비가 저 멀리 먼저 뛰어가 버렸네요!
앗! 또비가 무서운 괴물들이 득실거리는 곳을 향해 달려가고 있어요.
하리와 벼리는 괴물들을 피해 또비를 찾아 무사히 집으로 돌아갈 수 있을까요?

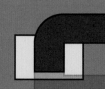

차례

난이도 ★☆☆

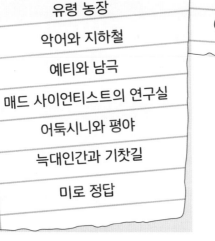

또비가 친구들이 살고 있는 아파트로 휙 달려갔어요.
벼리도 뒤따라 들어갔는데, 앗 프랑켄슈타인이 돌아다니고 있네요!

옥상에서 하리가 둘을 해타게 기다리고 있어요.
무서운 프랑켄슈타인을 피해 헬리콥터에 무사히 탑승할 수 있을까요?

분명 헬리콥터를 타고 아파트를 탈출했는데, 이곳은 어디죠?
젤리 같은 외계인이 득실거리는 우주 행성이에요!

로케트 열쇠를 가지고 달아난 또비를 찾아 지구로 돌아가야 해요.
산소가 모두 닳아버리기 전에요!

무사히 지구에 도착하길 기다리다가 깜빡 잠에 들어버렸어요.
눈을 떠보니 장난감으로 가득한 방이네요!

발 조심해요! 바닥에 함정이 숨어있어요!
설마 진짜 폭탄이 터지는 건 아니겠죠?

향긋한 꽃향기가 가득한 장미 정원을 지나는데
검은 천을 뒤집어쓴 무서운 사신이 또비를 데려가 버렸어요!

복잡한 장미 정원을 빠져나가 또비를 구해야 해요!
사신이 또비를 더 멀리 데려가 버리기 전에요!

기숙사

도서관

인문대

체육대

국제대

테니스장

입학본부

좀비대학교

시계탑

장미 정원에서 멀어지니 더는 꽃향기가 나지 않아요.
그런데 어디에선가 이상한 썩은 냄새가 풍겨 오네요.

법학대

경영대

학생회관

사범대

과학대

공학대

과학연구실

학생식당

운동장

1 2 3 4 5

미술대

수의대

음악대

치과대

약학대

의학대

이런, 캠퍼스가 온통 좀비로 가득해요!
스쿨버스를 향해 어서 빨리 달려가야 해요!

★☆☆

버스틀 타고 너무 멀리 와버렸나 봐요. 이번엔 정글이에요!
날카로운 이빨을 가진 동물들이 잔뜩 있네요.

그런데 왜 다들 화가 난 것 같죠?
하리를 잡아가 버렸어요. 어서 구해야 해요!

정글을 무사히 빠져나오는데 저 숲속 멀리에 멋진 성이 보여요.
그런데 이게 무슨 일이죠? 뱀파이어가 벼리를 데려가 버렸어요!

 예쁘고 귀여운 소녀를 신부로 맞이하고 싶어하는 걸까요?
이번엔 하리가 벼리를 구해줄 차례에요!

하리와 벼리는 성 뒤편에 있던 오래된 땅굴을 통해 탈출했어요.
그런데 이 굴, 거대한 광산으로 연결되어 있네요!

또비는 더 깊은 굴속으로 달려갔어요! 대체 뭘 찾으려는 거죠?
그리고 굴속에서 들려오는 이상한 소리는 누가 내는 거예요?

복잡한 굴을 헤매다 나왔는데 왠지 주변이 너무 어둡네요.
앗, 다른 출구로 뛰어간 또비가 강시에게 잡혀버렸어요!

여기저기 무서운 해골과 무덤들이 가득해요.
어서 또비를 안전한 곳으로 데려와야 해요!

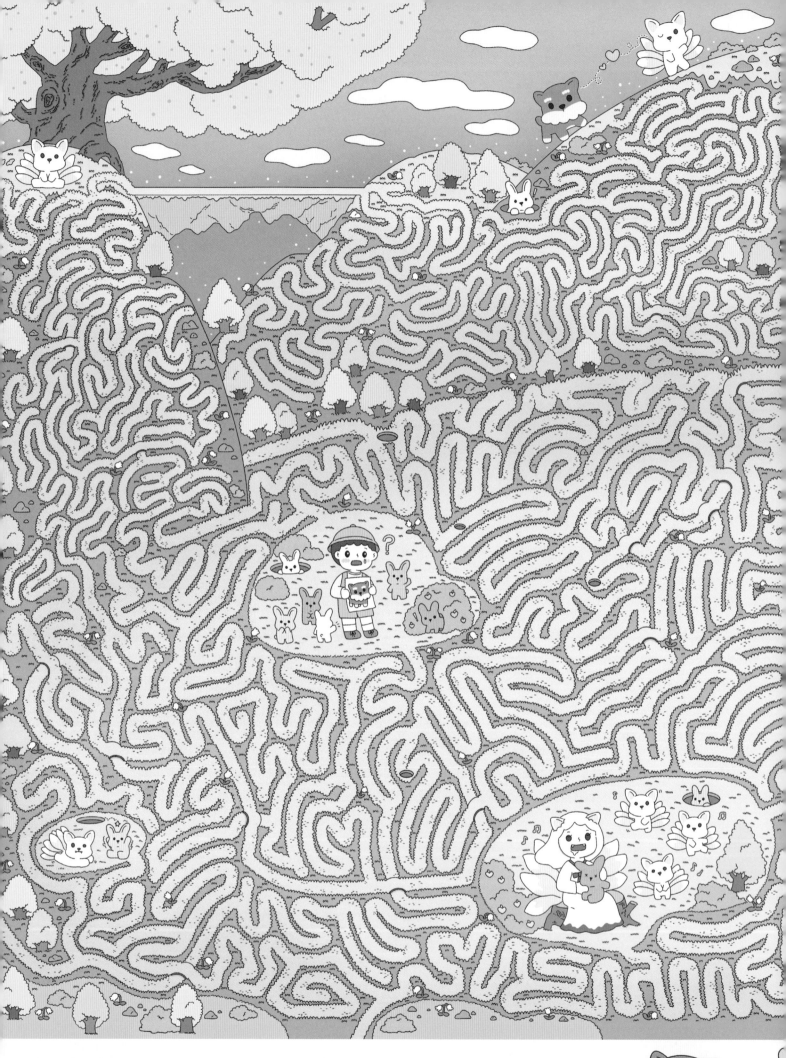

강시를 피해 도망가다 보니 어느 골짜기에 도착했어요.
동물들이 잔뜩 살고 있는 산 위로 해가 떠오르고 있네요.

그런데 저 여우들, 왜 꼬리가 아홉 개씩 달려있죠?
무서운 발톱을 가진 구미호와 친구가 되려는 또비를 찾아 데려와야 해요!

어디선가 왁자지껄한 소리가 들려와요.
커다란 몽둥이를 든 삐에로가 돌아다니는 놀이동산이에요!

어느새 또비가 롤러코스터에 올라타 버렸네요.
위험한 놀이기구에서 또비를 내려줘야 해요!

롤러코스터를 따라다니느라 하리와 뼈리는 지쳐버렸어요.
정신없이 걷는 사이에 다들 뿔뿔이 흩어지고 말았네요.

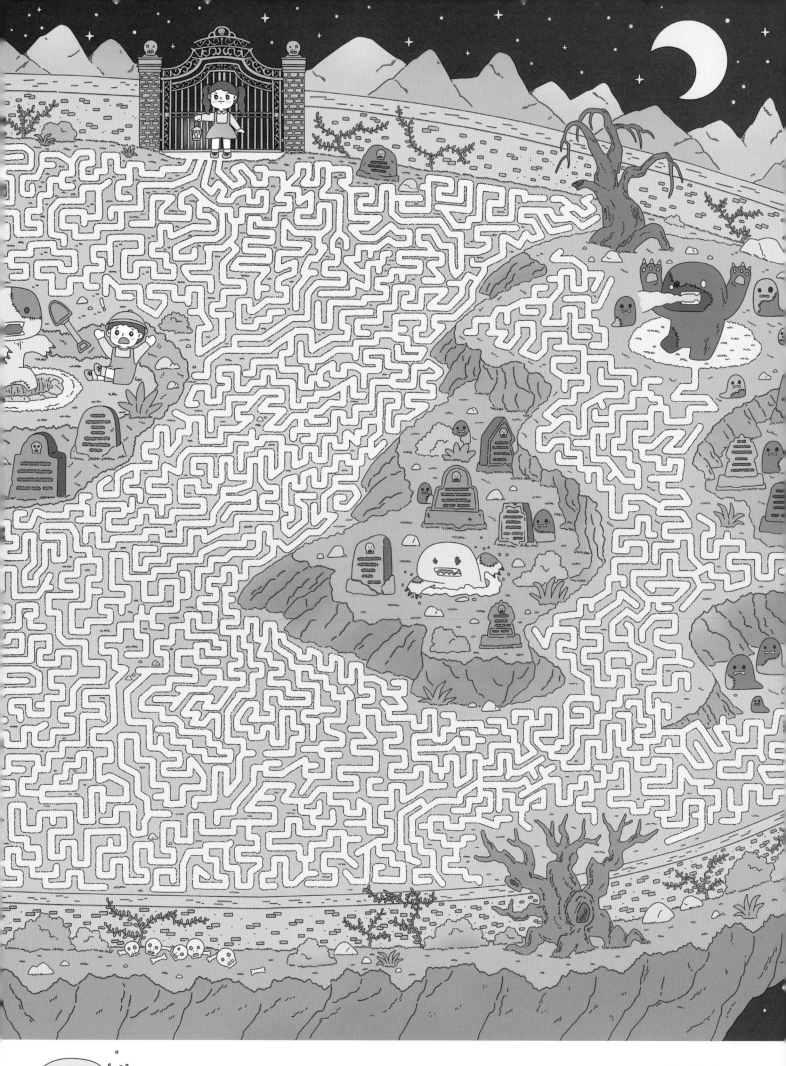

구울이 가득한 어두운 공동묘지를 지나
위험에 빠진 하리도 구하고 또비와도 만나야 해요!

어느새 아침이 밝았어요.
해가 쨍쨍한 하늘을 올려다보는데, 아니 저건 해가 아니에요!

 깊은 산골에 산다는 장산범이 산 구석구석 숨어있어요!
또비는 또 어디로 뛰어가 버린 거죠?

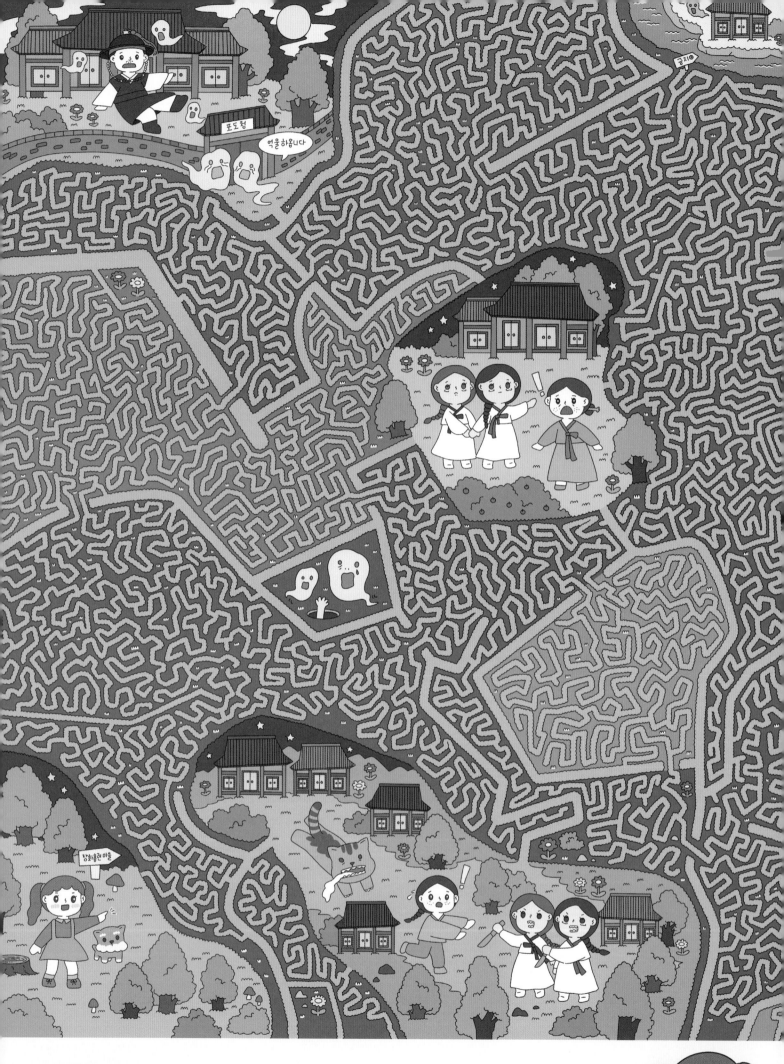

왜 갑자기 주위가 스산해진 것 같죠?
마을이 온통 억울해하는 처녀귀신들로 가득하네요!

 이 오래된 마을에 대체 무슨 일이 있었던 거죠?
하리를 따라 안전한 마을로 건너가야 해요!

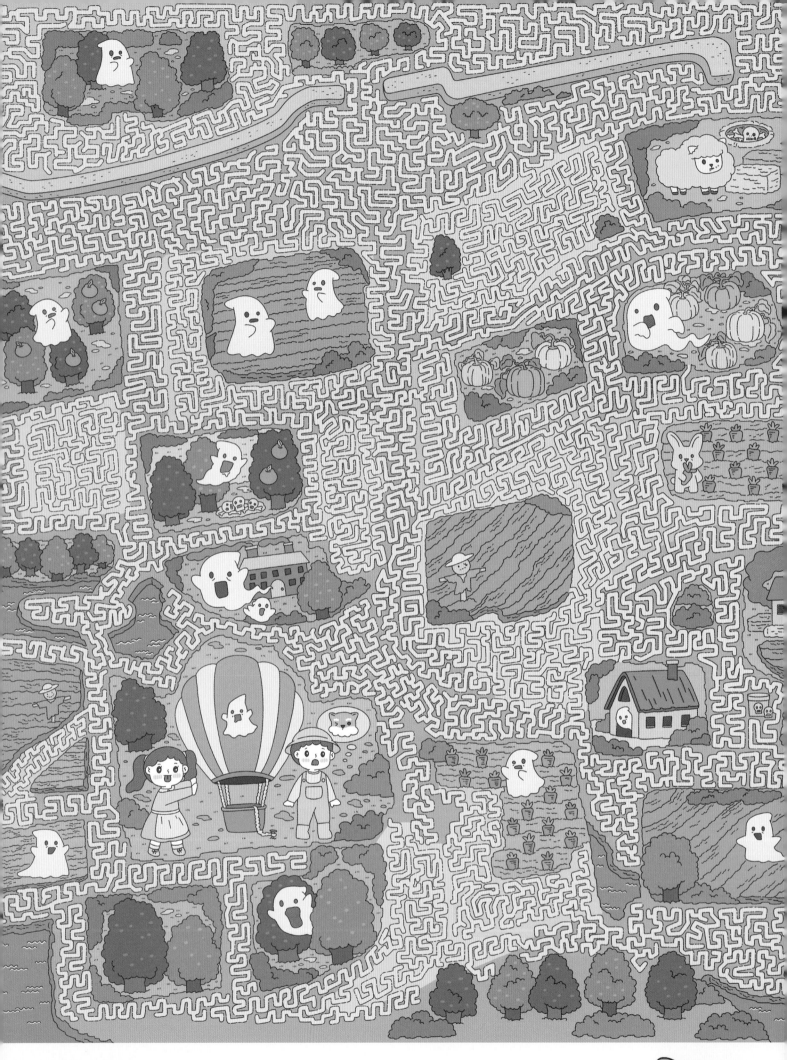

하리와 벼리는 이제 그만 집에 돌아가고 싶어요.
여기, 집까지 쉽게 갈 수 있을 것 같은 열기구가 있네요!

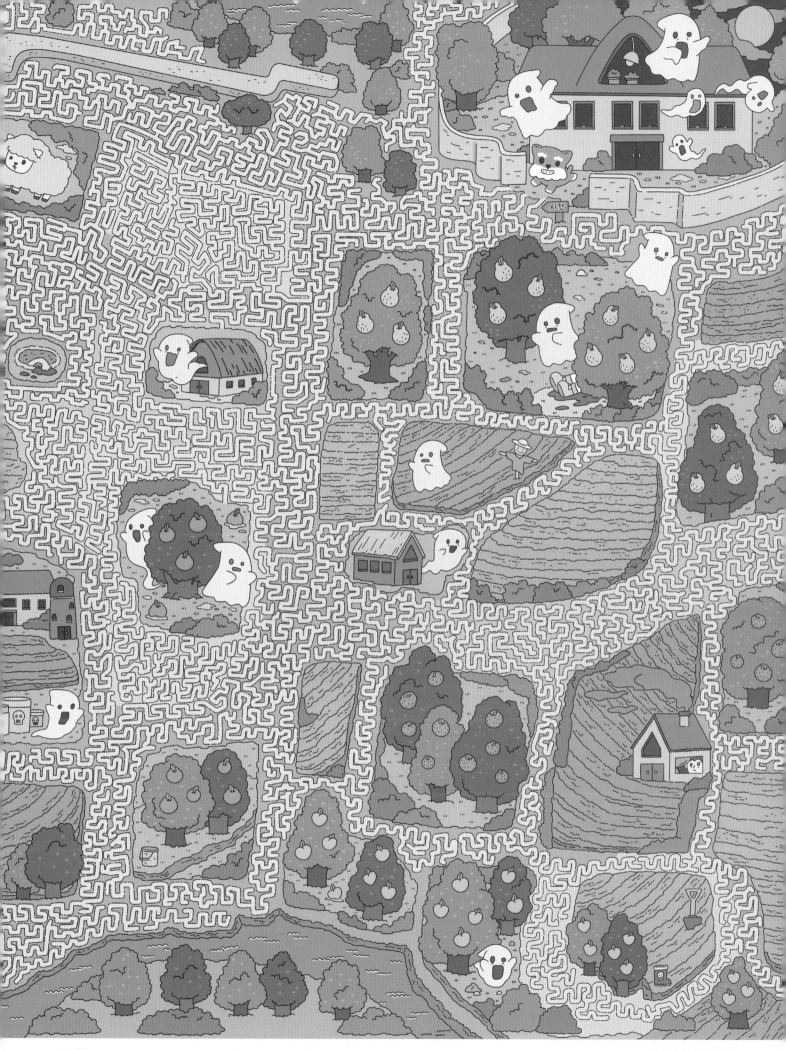

그런데 또비는 유령을 쫓아 커다란 농장을 헤집고 있어요.
얼른 열기구가 있는 곳으로 돌아가야 해요!

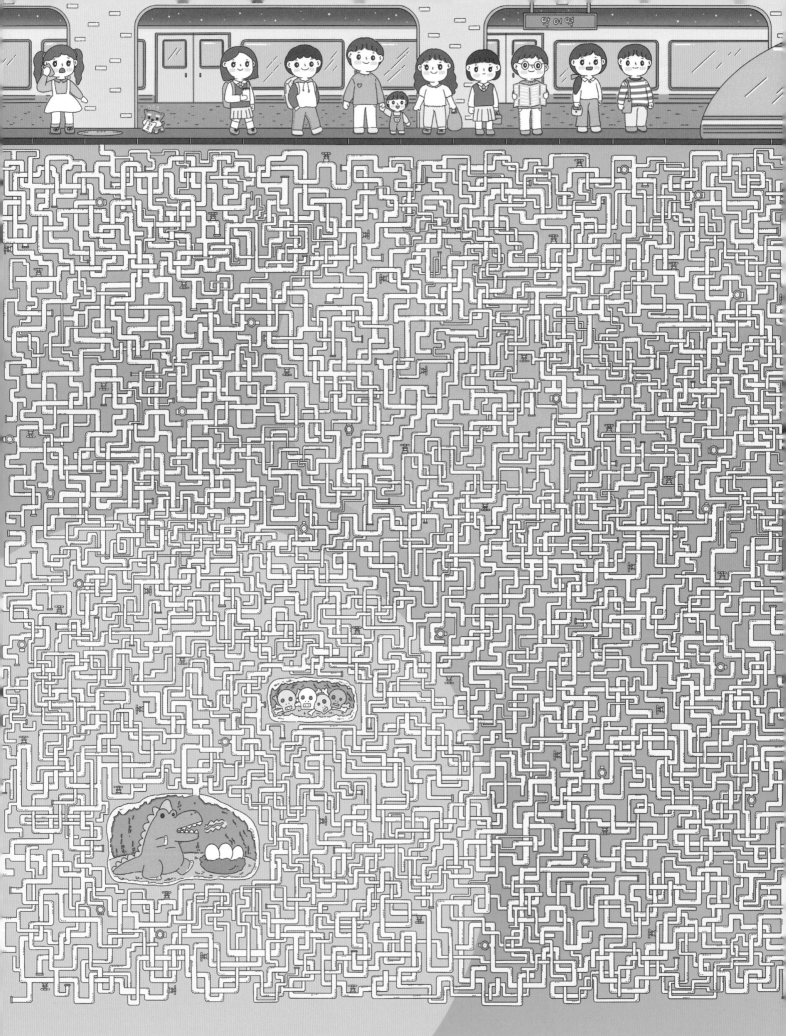

열기구를 타고 복잡한 지하철 역에 내렸어요.
이젠 정말 편히 집에 갈 수 있겠죠?

그런데 이번엔 하리가 안 보이네요.
맨홀에 빠져 악어가 숨어 사는 깊은 하수구에 떨어졌나 봐요!

지하철이 너무 복잡해서 엉뚱한 곳에 내려버렸어요.
여기는 전설 속 괴물 예티가 사는 머나먼 남극이에요!

멀리서 또비의 울음소리가 들려와요.
또비를 구해 따뜻한 집으로 돌아가요!

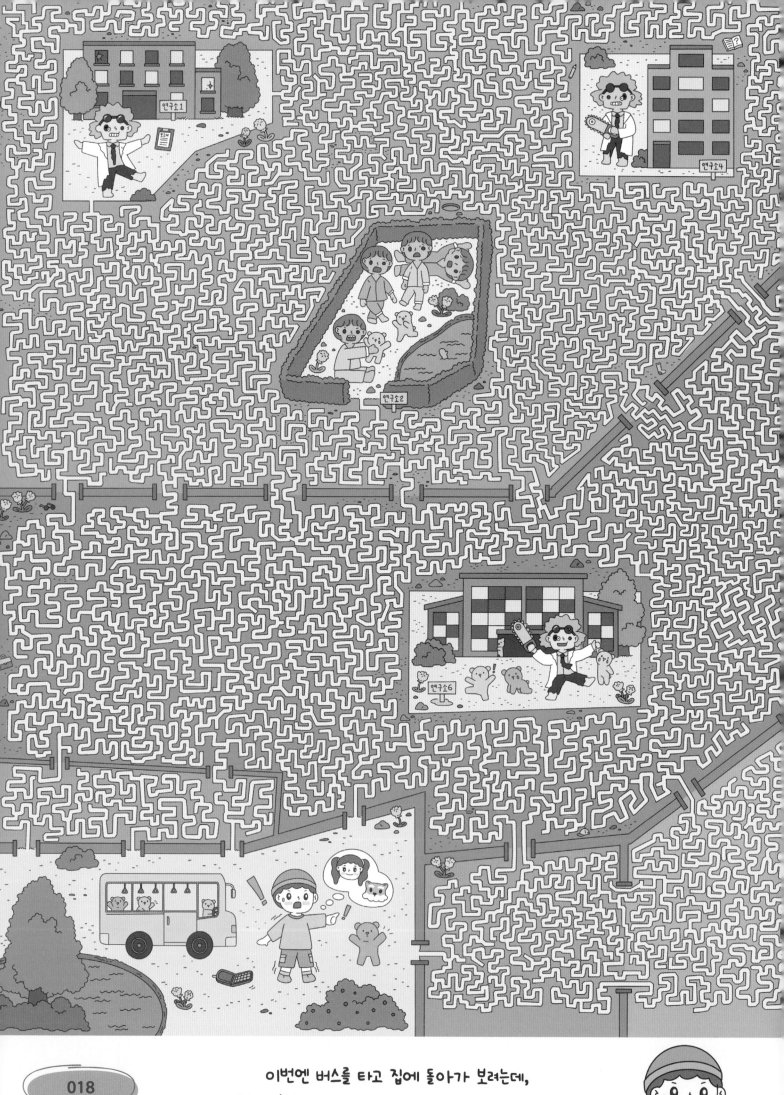

이번엔 버스를 타고 집에 돌아가 보려는데,
잠깐 한눈판 사이에 또비와 벼리가 사라졌어요!

저 괴상한 과학자가 또비와 벼리를 납치한 건가요?
위험한 실험실에 끌려가기 전에 구출해야 해요!

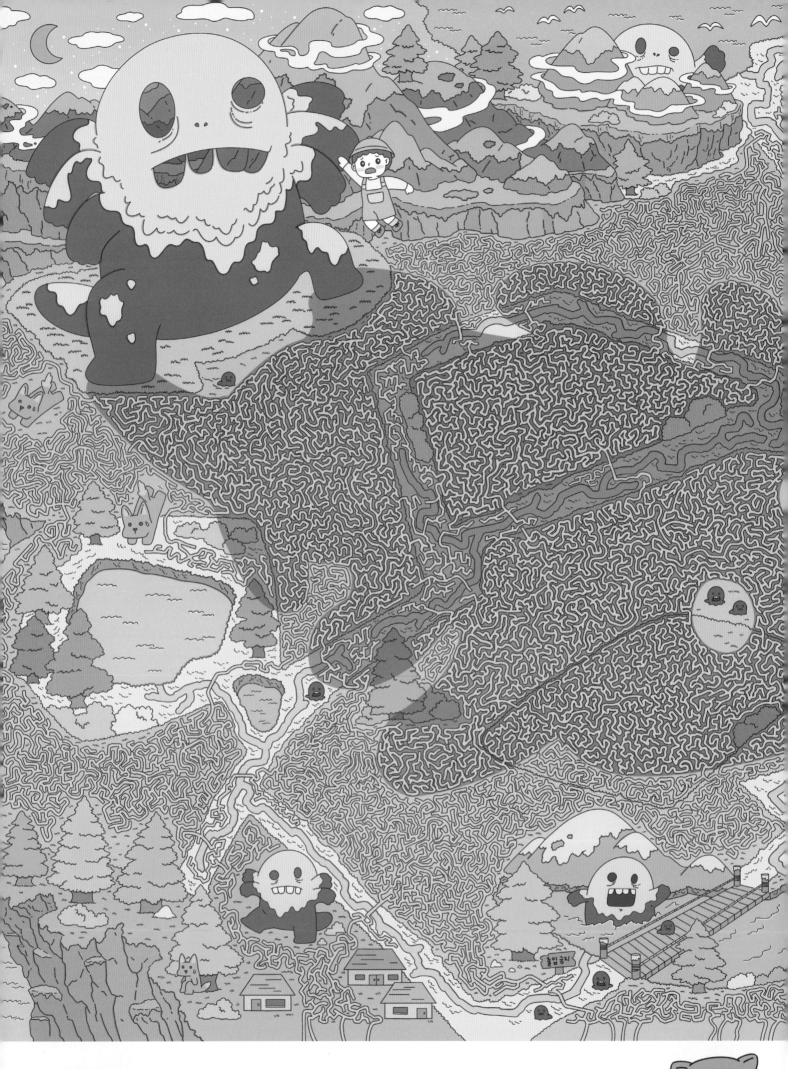

하리와 벼리는 점점 집에 가까워지고 있어요.
강을 따라 이 넓은 평야를 무사히 지나면 될 것 같아요!

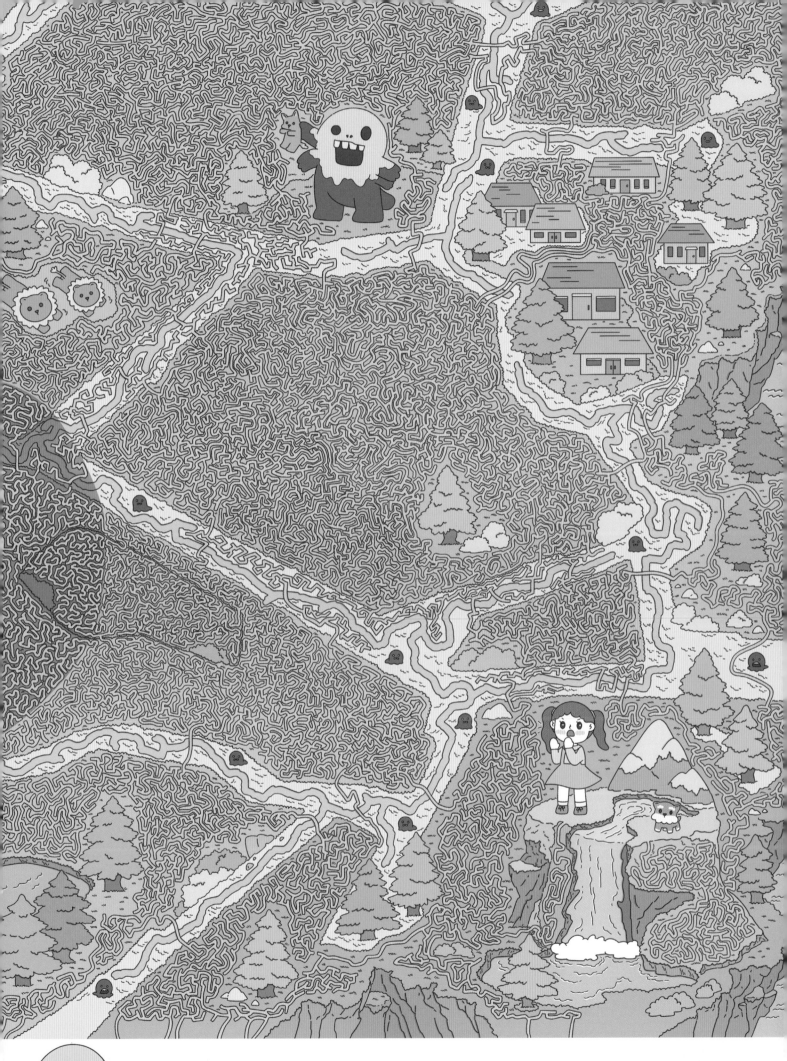

그런데 지평선 너머에서 나타난 거대한 어둑시니가
하리를 데려가 버렸네요! 어서 하리를 돌려줘요!

이젠 정말 집이 코앞이에요!
저 멀리 보이는 엄마와 아빠를 향해 또비가 먼저 달려가 버렸네요.

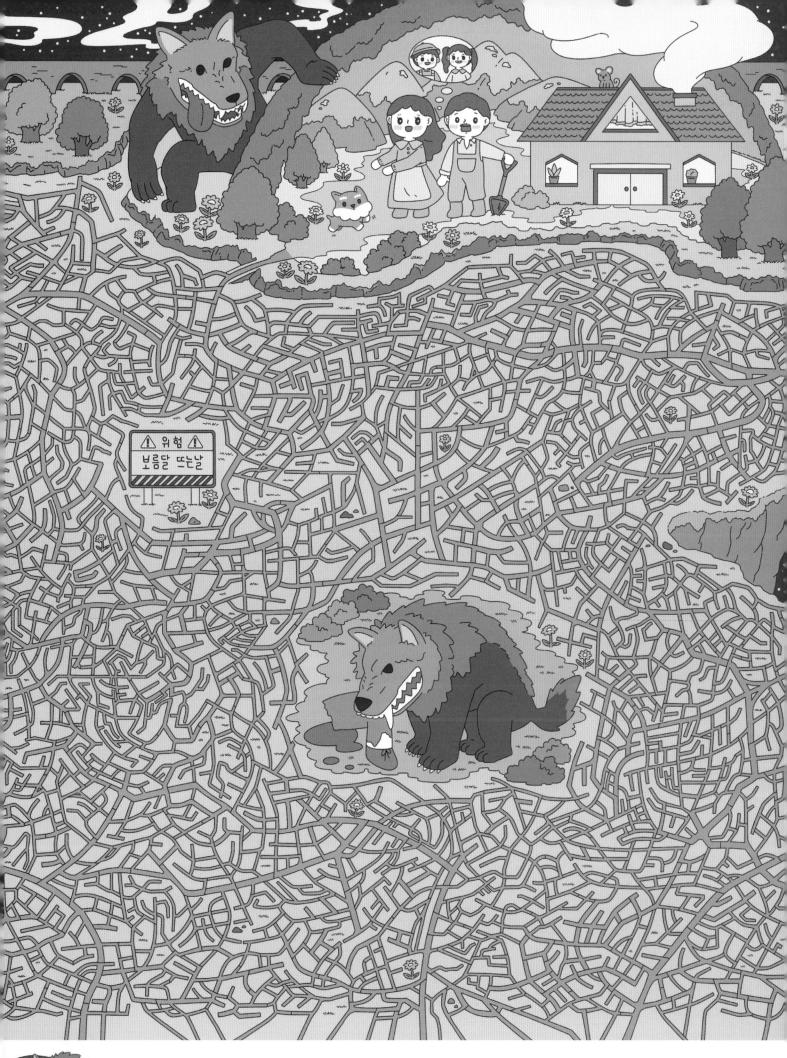

이 기차를 타면 집에 무사히 도착할 수 있어요.
늑대인간을 피해 막히지 않은 기찻길을 잘 찾아간다면 말이에요!

001 프랑켄슈타인 아파트

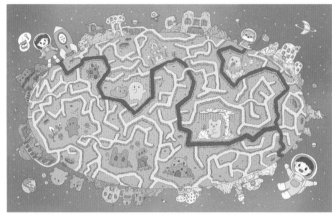

002 젤리 외계인의 우주 행성

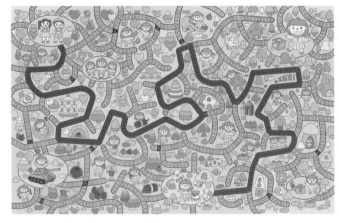

003 저주 인형과 장난감 방

004 사신과 장미 정원

005 좀비 대학교

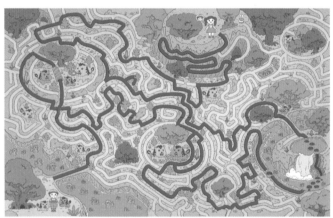

006 크로코타가 사는 정글

007 뱀파이어와 숲속의 성

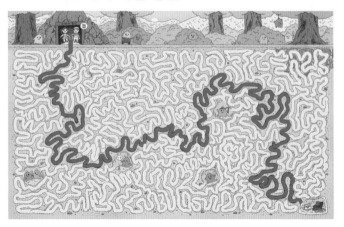

008 도깨비 광산

009 강아지 마을 ☆★★

010 구미호의 여우굴 ☆★★

011 삐에로 놀이동산 ★★☆

012 구울이 사는 공동묘지 ★★☆

013 장산범의 여름 산 ★★☆

014 처녀귀신과 오래된 마을 ★★★

015 유령 농장 ★★★

016 악어와 지하철 ★★★

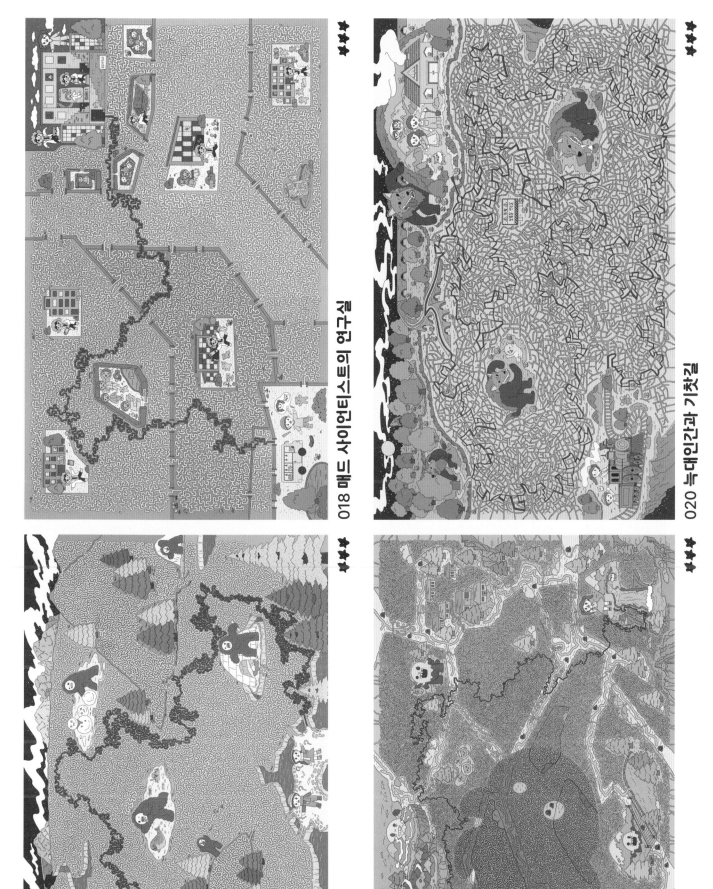

017 에티와 남극 ★★★

018 매드 사이언티스트의 연구실 ★★★

019 어둑시니와 평야 ★★★

020 늑대인간과 기찻길 ★★★

해솔

파주에서 남편과 고양이 한 마리와 함께 살고 있습니다. 현재 일러스트레이터로 활동 중이며, 《10명 중 9명은 못 푸는 시간 순삭 미로 찾기》를 통해 그림책 작가로서 첫 도전을 하게 되었습니다.

이 책을 통해 하리와 벼리, 그리고 귀여운 강아지 또비가 함께하는 미로를 풀어나가며 즐거운 시간을 보내시면 좋겠습니다.

@haesol_is

10명 중 9명은 절대 못 푸는
시간 순삭 미로 찾기

초판 1쇄 발행 • 2023년 5월 31일
지은이 • 해솔
펴낸이 • 김동하

펴낸곳 • 페이퍼버드
출판신고 • 2015년 1월 14일 제2016-000120호
주소 • (10881) 경기도 파주시 회동길 445 402호
문의 • (070) 7853-8600
팩스 • (02) 6020-8601
이메일 • books-garden1@naver.com
인스타그램 • www.instagram.com/thebooks.garden

ISBN 979-11-6416-158-4 (03690)